自分《じぶん》で決《き》められる人《ひと》になる！

超訳《ちょうやく》 こども「アドラーの言葉《ことば》」

齋藤《さいとう》 孝《たかし》

KADOKAWA

ご家族《かぞく》の方《かた》へ～本書《ほんしょ》を読《よ》まれる前《まえ》に～

いつの時代《じだい》も、親《おや》は子《こ》の幸《しあわ》せを誰《だれ》より願《ねが》うもの。「こどもが幸《しあわ》せな人生《じんせい》を送《おく》るために、親《おや》として何《なに》ができるだろうか」この本《ほん》を手《て》にとってくださったのは、そんな思《おも》いがあってのことではないでしょうか。

アルフレッド・アドラーは、「どうしたら人《ひと》は幸《しあわ》せに生《い》きられるか」を生涯《しょうがい》考《かんが》え、研《けん》究《きゅう》し続《つづ》けた心理学者《しんりがくしゃ》です。学者《がくしゃ》といっても、アドラーの言葉《ことば》はとてもシンプルなのが特徴《とくちょう》です。その言葉《ことば》は決《けっ》して学術的《がくじゅつてき》ではなく、ある種《しゅ》、哲学的《てつがくてき》であり、私《わたし》たちへのメッセージになっています。

人《ひと》は、生《う》まれた環境《かんきょう》や条件《じょうけん》、過去《かこ》の失敗《しっぱい》やトラウマに影響《えいきょう》されがちです。「自分《じぶん》はこんなふうだからダメ」とか「前《まえ》にも失敗《しっぱい》したから、また失敗《しっぱい》するに違《ちが》いない」と、〝うまくいかない原因《げんいん》〟をさがしてついつい自分《じぶん》にダメ出《だ》しをしてしまうものです。

しかし、アドラーの考《かんが》えは違《ちが》います。もって生《う》まれたものを〝今《いま》、ここから〟どういかすのか、以前失敗《いぜんしっぱい》したとしても〝今《いま》、ここから〟どうスタートするか。過去《かこ》ではなく、つねに〝今《いま》、ここから〟どうするかに焦点《しょうてん》を当《あ》てるのです。

それは言《い》いかえれば、「今《いま》、ここからのことはすべて自分《じぶん》で決《き》められる（変《か》えられる）」ということです。何《なに》を選《えら》ぶか、何《なに》を選《えら》ばないか、どんな人生《じんせい》を歩《あゆ》むかは、自分《じぶん》の意思《いし》

で決《き》められるとアドラーは言《い》っています。

親《おや》がこどもを守《まも》ってあげられる時間《じかん》は、そう長《なが》くはありません。そして、こどもは自分《じぶん》の人生《じんせい》を自分《じぶん》で切《き》り開《ひら》いていかなくてはなりません。こどもが幸《しあわ》せな人生《じんせい》を歩《あゆ》むためには、自分《じぶん》で判断《はんだん》し、自分《じぶん》で決《き》められることが必要《ひつよう》です。自分《じぶん》で決《き》められるこどもになるために、アドラーは最適《さいてき》な先生《せんせい》であると私《わたし》は考《かんが》えます。

親子関係《おやこかんけい》においても、アドラーは大切《たいせつ》なことを言《い》っています。こどもが新《あたら》しいことにチャレンジできなかったり、上手《じょうず》に何《なに》かをすることができなかったりするのは、失《しっ》敗《ぱい》をおそれずに物事《ものごと》に立《た》ち向《む》かう「勇気《ゆうき》をくじかれているから」とアドラーは考《かんが》えます。決《けっ》してその子《こ》が「できないこども」「ダメなこども」だからではないのです。勇気《ゆうき》があれば、どんなこどもでもチャレンジできるはずです。

親《おや》がこどもにできるのは、「勇気《ゆうき》づけ」であり、勇気《ゆうき》のあるこどもは新《あたら》しいチャレンジを繰《く》り返《かえ》しながら、自分《じぶん》でどう生《い》きるかを決《き》めて幸《しあわ》せになれる。これが、アドラーからのメッセージです。

この本《ほん》は、そんなアドラーの言葉《ことば》を私《わたし》なりに厳選《げんせん》し、小学生《しょうがくせい》にも理解《りかい》できるように「超訳《ちょうやく》」としてまとめたものです。何度《なんど》も繰《く》り返《かえ》し読《よ》んでほしい本《ほん》です。時《とき》には親子《おやこ》で読《よ》むこともおすすめします。

すべてのこどもが幸《しあわ》せな人生《じんせい》を歩《あゆ》むことを願《ねが》っています。

齋藤《さいとう》 孝《たかし》

はじめに

この本《ほん》は僕《ぼく》からきみへのプレゼントです。
プレゼントの中身《なかみ》は、心理学者《しんりがくしゃ》アドラーさんの考《かんが》え方《かた》。
それは、「スーパー前《まえ》向《む》き」な考《かんが》え方《かた》です。

「くじけるな！　前《まえ》を向《む》こう！　チャレンジしよう！　逃《に》げないで課題《かだい》に立《た》ち向《む》かっていこう！　失敗《しっぱい》をおそれるな！　才能《さいのう》なんて関係《かんけい》ない！　自分《じぶん》を信《しん》じろ！　人《ひと》と協力《きょうりょく》しあえ！　仕事《しごと》をしっかりやろう！　人《ひと》と愛《あい》し合《あ》おう！」

これがアドラーのメッセージだ！

きみは、「自分《じぶん》がきらい」と思《おも》うことはあるかな？
「○○ちゃんみたいに勉強《べんきょう》ができるようになりたい」とか、「△△くんみたいに足《あし》がはやくなりたい」と思《おも》うことがあるかもしれないね。

ほかの友《とも》だちを見《み》て「あんなふうになりたい」と思《おも》うことは、悪《わる》いことではないんだ。「あんなふうになりたいから、がんばろう！」という気《き》持《も》ちになれるなら、それはとてもいいことなんだよ。

でも、「自分《じぶん》はダメ」「こんな自分《じぶん》はイヤ」とだけは思《おも》ってほしくないんだ。だって、きみという人間《にんげん》はこの世《よ》にたった一人《ひとり》しかいない大切《たいせつ》な存在《そんざい》だから。

もし、きみが「こんな自分《じぶん》はイヤ」と思《おも》っているなら、そしてそんな自分《じぶん》を変《か》えたいと思《おも》うなら、今《いま》から変《か》わることができるんだよ。

「イヤな自分《じぶん》」から「好《す》きな自分《じぶん》」になれる。これはとても大切《たいせつ》なことなんだ。

この本《ほん》には、自分《じぶん》を好《す》きになるヒントがたくさんつまっているよ。きみ自身《じしん》のことを考《かんが》えながら読《よ》んでみよう！

アドラー心理学《しんりがく》の紹介《しょうかい》

アドラー心理学《しんりがく》とは、「どうすれば人《ひと》は幸《しあわ》せに生《い》きられるか」を追《つい》求《きゅう》した学問《がくもん》だよ。生《い》きるうえでは、さまざまななやみがあるよね。アドラーは「すべてのなやみは、人間関係《にんげんかんけい》のなやみである」と言《い》っているんだ。そして、そのなやみからぬけだすためには、自分自身《じぶんじしん》が変《か》わること。人《ひと》のせいにせず、自分《じぶん》の見《み》かたや考《かんが》え方《かた》を変《か》えることが解決策《かいけつさく》だと言《い》っているんだよ。自分《じぶん》が変《か》わることで、いろんな人《ひと》といい関係《かんけい》になる状態《じょうたい》のことをアドラーは「共同体感覚《きょうどうたいかんかく》」と言《い》っている。共同体感覚《きょうどうたいかんかく》を持《も》つことで、なやみがなくなって幸《しあわ》せな人生《じんせい》がおくれるようになるんだね。

アドラーはこんな人《ひと》

アルフレッド・アドラー

1870年《ねん》、ウィーン郊外《こうがい》のユダヤ人家庭《じんかてい》に生《う》まれたんだ。ウィーン大学医学部《だいがくいがくぶ》を卒業《そつぎょう》し、フロイトやユングとともに研究《けんきゅう》をしていたけど、フロイトと対立《たいりつ》し、独自《どくじ》の研究《けんきゅう》を進《すす》め、「個人心《こじんしん》理学《りがく》(アドラー心理学《しんりがく》)」を創始《そうし》。第一次世界大戦《だいいちじせかいたいせん》では軍医《ぐんい》となり、ここでの戦争体験《せんそうたいけん》が大《おお》きく影響《えいきょう》し、戦後《せんご》、児童相談所《じどうそうだんじょ》をひらき、じっさいに患者《かんじゃ》さんに接《せつ》するようになる。1937年《ねん》、心臓発作《しんぞうほっさ》により67歳《さい》で亡《な》くなったんだ。

『こどもアドラー』5つのポイント

すべては自分《じぶん》しだい

幸《しあわ》せな人生《じんせい》を
作《つく》るのは
きみ自身《じしん》なんだよ！

チャレンジし続《つづ》ける

勇気《ゆうき》を出《だ》して、
課題《かだい》に
立《た》ち向《む》かおう！

過去《かこ》の失敗《しっぱい》は関係《かんけい》ない

前《まえ》に失敗《しっぱい》したからと
いって、次《つぎ》も失敗《しっぱい》する
とはかぎらない！

人《ひと》と協力《きょうりょく》しあう

人《ひと》と助《たす》けあえたら、
どんなことだって
できる！

しっかりと前《まえ》を向《む》く

未来《みらい》は今《いま》から変《か》えられる、
前《まえ》を向《む》いて
歩《ある》きだそう！

【目《もく》次《じ》】

第1章 勇《ゆう》気《き》をもってチャレンジする人《ひと》になる

第2章 「なりたい自分《じぶん》」へ努力《どりょく》をする人《ひと》になる

第3章

自《じ》分《ぶん》で決《き》めることができる人《ひと》になる

第4章

みんなと力《ちから》を合《あ》わせられる人《ひと》になる

第5章 前《まえ》を見《み》て進《すす》んでいく人《ひと》になる

編集協力／佐藤恵
イラスト／さち
ブックデザイン／菊池祐
カバー写真／後藤利江

第1章

勇《ゆう》気《き》をもってチャレンジする人《ひと》になる

01

どんなこともまずはチャレンジ

アドラーの言葉

「自分《じぶん》には限界《げんかい》がある」と思《おも》うと、成長《せいちょう》できない！

出典：『人生の意味の心理学　下』P19

齋藤孝先生の

「もう……」「まだ……」なんて思《おも》う必要《ひつよう》はない

うまくいかないとき、「もうこれ以上《いじょう》はできない」「自分《じぶん》にとってはこれが限界《げんかい》」と思《おも》ってしまうと、そこで成長《せいちょう》が止《と》まってしまうんだ。アドラーは、人《ひと》が成長《せいちょう》できなくなってしまうのは、「限界《げんかい》があるから」ではなく、「限界《げんかい》があると思《おも》ってしまうから」と言《い》っているよ。

限界《げんかい》というのは、もともときみの中《なか》にあるものではないんだ。「限界《げんかい》がある」と思《おも》ってしまう、その気持《きも》ちこそが限界《げんかい》を作《つく》っているんだよ。

古代中国《こだいちゅうごく》の思想家《しそうか》・孔子《こうし》は、弟子《でし》が「先生《せんせい》のおっしゃることは、まだ私《わたし》にはできません」と言《い》ったとき、「今《いま》、汝《なんじ》は画《かぎ》れり」と言《い》ったという。これは「あなたは、まだ何《なに》もしていないうちから限界《げんかい》を決《き》めている。それは言《い》い訳《わけ》にすぎない」という意味《いみ》なんだ。自分《じぶん》で限界《げんかい》を決《き》めず、まだまだがんばれるという自信《じしん》を持《も》つことで成長《せいちょう》できるんだね。

02

何度《なんど》でもチャレンジし続《つづ》ける

アドラーの言葉

勇気《ゆうき》！
自信《じしん》！
リラックス！
この3つがあれば
どんなことも
乗《の》りこえられる！

出典:『個人心理学講義』P16

齋藤孝先生の

3つのことを意識《いしき》して、苦《くる》しさを乗《の》りきる

アドラーは、勇気《ゆうき》と自信《じしん》があって、どんなこともおそれずにリラックスしている人《ひと》は、人生《じんせい》においてのさまざまな課題《かだい》を解決《かいけつ》し、乗《の》りこえることができると言《い》っているんだ。乗《の》りこえられる人《ひと》は、そのための準《じゅん》備《び》が整《ととの》っているんだね。人生《じんせい》には、苦《くる》しいこともあるよね。やりたくないと思《おも》うことだってあるだろうし、逃《に》げたくなることもあるかもしれない。

でも、勇気《ゆうき》・自信《じしん》・リラックスという3つがそろっていれば、どんなことも自分《じぶん》の力《ちから》で克服《こくふく》できるとアドラーははげましてくれているんだ。

苦《くる》しいことを乗《の》りこえられたら、その経験《けいけん》はきみを強《つよ》くしてくれるし、成長《せいちょう》させてくれる。すると、次《つぎ》にまた苦《くる》しいことに出《で》あったとしても、前《まえ》よりは強《つよ》くなって成長《せいちょう》したきみとして立《た》ち向《む》かうことができる。

まずは、行動《こうどう》！　苦《くる》しいことも、きみの行動《こうどう》しだいで成長《せいちょう》のステップにもできるんだよ。

03

できないことなんて何《なに》もない

アドラーの言葉

よい方法《ほうほう》と
練習《れんしゅう》によって、
あらゆる人《ひと》が
あらゆることを
なし遂《と》げる
ことができる！

出典:『個人心理学講義』P114

齋藤孝先生の

正《ただ》しい練習《れんしゅう》を続《つづ》ければ何《なん》だってできる

もし、苦手《にがて》なことがあったとしても、「ぜったいにできない」なんて思《おも》うことはないんだ。アドラーは、どんな人《ひと》も、どんなことも、できるようになると言《い》っているんだよ。

そのために必要《ひつよう》なことの1つめは、先生《せんせい》からよい方《ほう》法《ほう》を教《おし》えてもらうこと。「できるようになるための方《ほう》法《ほう》」を知《し》ることが大事《だいじ》なんだ。いい先生《せんせい》に「どうすればできるようになるか」を教《おし》えてもらい、実践《じっせん》できたら、よい結果《けっか》につながるよ。

必要《ひつよう》なことの2つめは、きちんと練習《れんしゅう》をすること。せっかくいい方法《ほうほう》を教《おし》えてもらっても、続《つづ》けて練習《れんしゅう》しなくては成果《せいか》は出《で》ないよね。「継続《けいぞく》は力《ちから》なり」、つまり続《つづ》けることが大切《たいせつ》なんだ。勉強《べんきょう》でも運動《うんどう》でも、苦手《にがて》なことがあったら、先生《せんせい》に上達《じょうたつ》するための方法《ほうほう》を聞《き》いて練習《れんしゅう》を続《つづ》けてみよう。

04

いいわけは弱虫《よわむし》のすること

アドラーの言葉

劣等感《れっとうかん》を持《も》つのは、
向上《こうじょう》したいと
思《おも》っているからこそ。
勇気《ゆうき》があれば、
劣等感《れっとうかん》は
克服《こくふく》できる！

出典:『人生の意味の心理学　上』P66

齋藤孝先生の解説

昨日《きのう》よりも今日《きょう》、今日《きょう》よりも明日《あした》！

劣等感《れっとうかん》とは、自分《じぶん》はほかの人《ひと》よりおとっていると思《おも》うこと。きみも、友《とも》だちにくらべて自分《じぶん》はダメだなぁと思《おも》うことがあるかもしれない。たしかに、劣等感《れっとうかん》はいい感情《かんじょう》ではないよね。でもアドラーは、向上《こうじょう》したいという気持《きも》ちがあるからこそ劣等感《れっとうかん》を持《も》ってしまうと言《い》っているんだ。よりよくなりたいと思《おも》うからこそ、ほかの人《ひと》よりおとっていることを気《き》にしてしまうんだね。だからといって、劣等感《れっとうかん》を持《も》ち続《つづ》けているのもツライ。劣等感《れっとうかん》を克服《こくふく》するために大事《だいじ》なのは、少《すこ》しずつでも状況《じょうきょう》をよくしようとする勇気《ゆうき》なんだ。

　ほかの人《ひと》と自分《じぶん》をくらべて、どっちがすぐれているか、おとっているかを気《き》にするのではなく、自分自身《じぶんじしん》を少《すこ》しでも成長《せいちょう》させていくこと。人《ひと》とくらべることをやめて、昨日《きのう》の自分《じぶん》より今日《きょう》の自分《じぶん》、今日《きょう》の自分《じぶん》より明日《あした》の自分《じぶん》というふうに成長《せいちょう》していく。それが劣等感《れっとうかん》をなくす方法《ほうほう》なんだね。

05

勉強《べんきょう》は自分《じぶん》から積極的《せっきょくてき》にする

アドラーの言葉

学校《がっこう》は
勉強《べんきょう》を教《おし》えて
もらうだけじゃなく、
自分《じぶん》から進《すす》んで
成長《せいちょう》する場所《ばしょ》だ！

出典：『個人心理学講義』P107

齋藤孝先生の

自分《じぶん》で考《かんが》えて解決《かいけつ》できるようになる

アドラーは、勉強《べんきょう》とは椅子《いす》に座《すわ》ってじっとしたまま、言《い》われることをただ聞《き》いているのではなく、自分《じぶん》から進《すす》んで学《まな》ぶものだと言《い》っているんだ。昔《むかし》は勉強《べんきょう》したくてもできない人《ひと》が多《おお》かったことを思《おも》うと、自由《じゆう》に勉強《べんきょう》ができる今《いま》のきみたちは幸《しあわ》せなんだよ。

自分《じぶん》で考《かんが》えて問題《もんだい》を解決《かいけつ》することを「アクティブラーニング」というんだ。「アクティブ」とは活動的《かつどうてき》・積《せっ》極的《きょくてき》という意味《いみ》。積極的《せっきょくてき》に学《まな》んだことは、しっかり身《み》につくから忘《わす》れないよね。

大事《だいじ》なのは、「自立《じりつ》して成長《せいちょう》する」こと。自分《じぶん》の足《あし》で一人《ひとり》でしっかり立《た》つのが自立《じりつ》。自分《じぶん》から進《すす》んで勉強《べんきょう》することで成長《せいちょう》できる！ 勉強《べんきょう》は、やらされるものではなく、自分《じぶん》のためにするものだということを覚《おぼ》えておこう。

06

逃《に》げずに自《じ》分《ぶん》の力《ちから》でやり遂《と》げる

アドラーの言葉

やるべきことがあるのに、気《き》晴《ば》らしばかりしていては、やり遂《と》げられない！

出典:『個人心理学講義』P112

齋藤孝先生の

イヤなことを あとまわしにするのはやめよう

やるべきことが目《め》の前《まえ》にあってもやろうとせず、先《さき》延《の》ばししていたら、どんなこともやり遂《と》げられないとアドラーは言《い》っているんだ。カンタンな宿題《しゅくだい》であっても、ノートを開《ひら》いて始《はじ》めなければ、いつまでたっても終《お》わらない。物事《ものごと》をやり遂《と》げるためには、何《なに》よりもまずやり始《はじ》めなければならないんだ。

やり始《はじ》める決心《けっしん》がつかないときは、「やらない自分《じぶん》」と「やり遂《と》げた自分《じぶん》」のどっちがいいかを考《かんが》えてみよう。「やらない自分《じぶん》」のままだと、どんどん自分《じぶん》のことがきらいになってしまうんじゃないかな。「やり遂《と》げた自《じ》分《ぶん》」のことは、ほこりに思《おも》うし好《す》きになるよね。

一度《いちど》でもやり遂《と》げたら、それが自信《じしん》になって、また次《つぎ》もできるはず。気晴《きば》らしに逃《に》げずにがんばってみよう。僕《ぼく》からのアドバイスは、ストップウォッチを使《つか》うこと。「カチッ」とスタートを切《き》って、時間《じかん》をはかると勢《いきお》いが出《で》るよ。

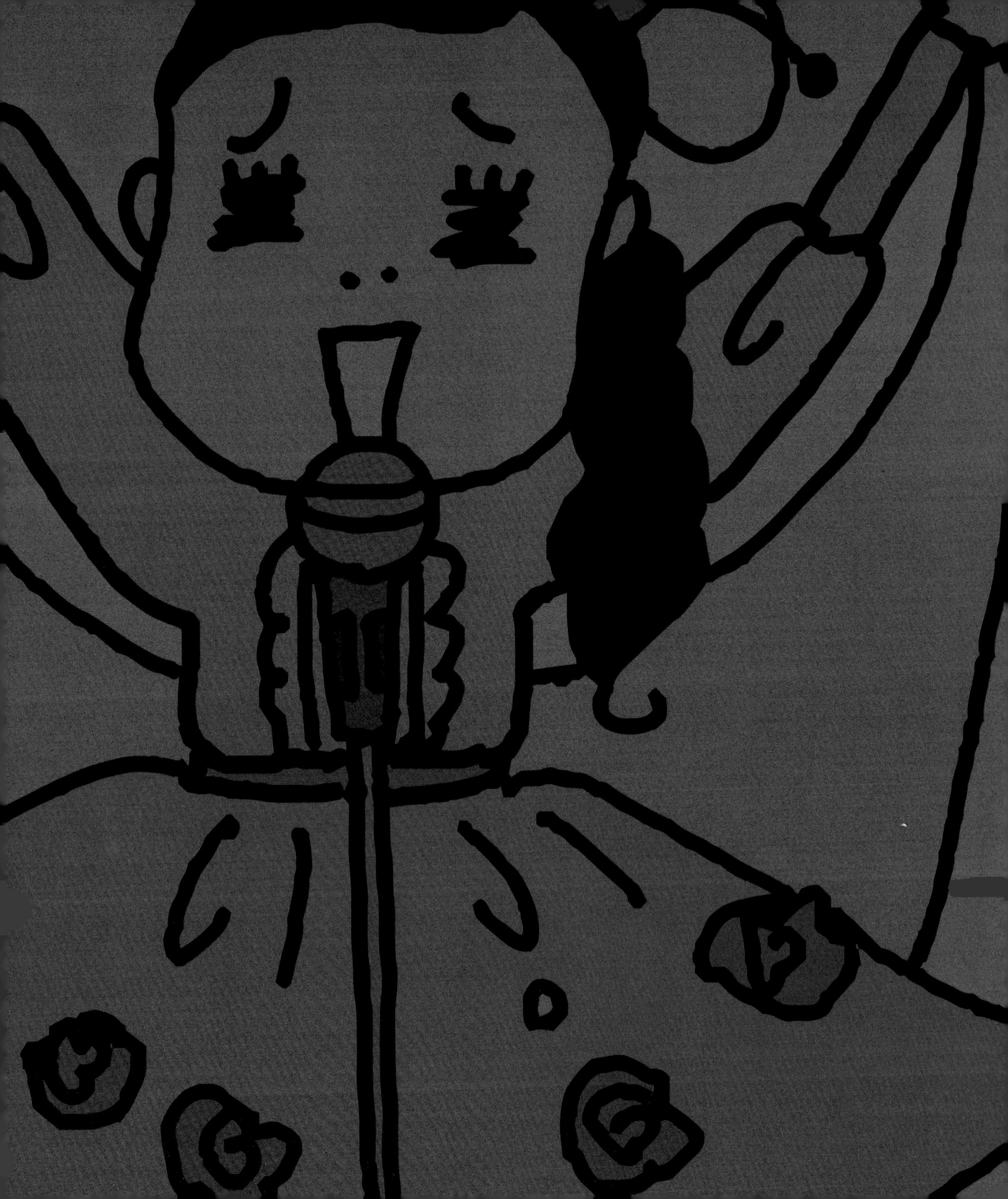

第2章

「なりたい自《じ》分《ぶん》」へ努《ど》力《りょく》をする人《ひと》になる

07

「ダメな自分《じぶん》」は自力《じりき》で追《お》い出《だ》す

アドラーの言葉

どんなに
苦《くる》しいことが
あっても、
きみにはそれを
解決《かいけつ》する
力《ちから》がある！

出典:『個人心理学講義』P39

齋藤孝先生の

ためらわない気持《きも》ちこそが大切《たいせつ》

アドラーは、人生《じんせい》において苦《くる》しいことやツライことがあったとしても、人《ひと》にはそれを解決《かいけつ》して乗《の》りこえる力《ちから》がそなわっていると言《い》うんだ。自分《じぶん》にはそういう力《ちから》があると思《おも》うと自信《じしん》が生《う》まれるし、ほかの人《ひと》よりおとっているという劣等感《れっとうかん》をなくすこともできる。あまりに大《おお》きい劣等感《れっとうかん》を持《も》つことを、アドラーは「劣等《れっとう》コンプレックス」と呼《よ》んでいる。

たとえば、「はい、やってみます……でも……」という口癖《くちぐせ》のある人《ひと》。いったんは「やってみます」と言《い》っても、そのあとで「でも、本当《ほんとう》に自分《じぶん》にできるかな……」と自分《じぶん》をうたがってしまうんだね。自分《じぶん》を信《しん》じられなかったら、何《なに》もなし遂《と》げることはできない。

これをなくすためには、「自分《じぶん》にはどんなことも解決《かいけつ》できる力《ちから》がある」と心《こころ》から思《おも》うこと。自分《じぶん》を信《しん》じることが大事《だいじ》なんだ。そうすれば、かならず道《みち》は開《ひら》けるよ。

短所《たんしょ》を長所《ちょうしょ》に変《か》えて自信《じしん》を持《も》つ

アドラーの言葉

弱点《じゃくてん》は、強《つよ》みに変《か》えられる！

出典：『個人心理学講義』P35

齋藤孝先生の

解説

物事《ものごと》はよい面《めん》を見《み》るようにする

　アドラーは本《ほん》の中《なか》で、「フライタークという詩人《しじん》が、視力《しりょく》が弱《よわ》いおかげでほかの人《ひと》が現実《げんじつ》を見《み》る以上《いじょう》の想像力《そうぞうりょく》でものを見《み》ることができた、だからいい詩《し》をたくさん作《つく》って偉大《いだい》な詩人《しじん》になった」というエピソードを語《かた》っているんだ。この詩人《しじん》は、視力《しりょく》が弱《よわ》いことを弱点《じゃくてん》や欠点《けってん》だと考《かんが》えていなかった。よく見《み》えないおかげで、人《ひと》よりも想像力《そうぞうりょく》が発達《はったつ》し、いい詩《し》を作《つく》れたと「強《つよ》み」としてとらえているんだね。

　物事《ものごと》は、弱点《じゃくてん》だと思《おも》っていたことが強《つよ》みにもなるんだ。たとえば、やることが遅《おそ》くて「のろま」だと思《おも》われている人《ひと》は、「ていねいな人《ひと》」と言《い》えるんじゃないかな。「失敗《しっぱい》ばかりする人《ひと》」は、「たくさんチャレンジしている人《ひと》」だよ。こんなふうに言《い》いかえてみると、弱点《じゃくてん》や欠点《けってん》が減《へ》って、強《つよ》みがどんどん増《ふ》えてくるよ。きみの弱点《じゃくてん》は何《なに》かな？　思《おも》いつくことがあったら、それを強《つよ》みに言《い》いかえてみよう。

09

「羨望《せんぼう》」はいいけれど「嫉妬《しっと》」はダメ

アドラーの言葉

人《ひと》を「うらやましい」と思《おも》う気持《きも》ちを利用《りよう》して、がんばる力《ちから》にする!

出典:『個人心理学講義』P 88

齋藤孝先生の解説

「うらやましい」からきみはがんばれる

うらやましいという気持《きも》ちは「羨望《せんぼう》」と言《い》うんだ。これは、だれの中《なか》にも少《すこ》しはある感情《かんじょう》。羨望《せんぼう》は、「うらやましい、自分《じぶん》もあの人《ひと》みたいになりたい」と思《おも》うことであり、前《まえ》に進《すす》むための力《ちから》になるから、悪《わる》い感情《かんじょう》ではないとアドラーは言《い》っているんだよ。逆《ぎゃく》に、「自分《じぶん》よりできるあの人《ひと》はイヤ」という気持《きも》ちは「嫉妬《しっと》」と言《い》い、やきもちを焼《や》いたりねたんだりすること。

嫉妬《しっと》は、決《けっ》して前向《まえむ》きな気持《きも》ちにはならないから、アドラーは「厄介《やっかい》」なものであり、「危険《きけん》な態度《たいど》」だと言《い》っているよ。きみよりも勉強《べんきょう》やスポーツができる友《とも》だちがいたら、「あの子《こ》みたいになりたい！」と羨望《せんぼう》の気持《きも》ちを持《も》って、目標《もくひょう》にしてみよう。

なんとなく「できるようになりたい」と思《おも》うよりも、「あの子《こ》みたいに」とはっきりした目標《もくひょう》があった方《ほう》ががんばれるよね。きっと、学《まな》べることも多《おお》いはずだ。

10

失《しっ》敗《ぱい》は経《けい》験《けん》の1つにすぎない

アドラーの言葉

どんな経《けい》験《けん》もその意《い》味《み》を決《き》めるのは自《じ》分《ぶん》！

出典：『人生の意味の心理学　上』P21

齋藤孝先生の

結果《けっか》はきみの考《かんが》え方《かた》しだいで変《か》わる

アドラーは、どんな経験《けいけん》をしたとしても、それが次《つぎ》に成功《せいこう》するか失敗《しっぱい》するかを左右《さゆう》するものではないと言《い》っているよ。つまり、「今回《こんかい》うまくいかなかったから、次《つぎ》も失敗《しっぱい》する」とは限《かぎ》らないという意味《いみ》だね。

じゃあ、次《つぎ》に成功《せいこう》するか失敗《しっぱい》するかを決《き》めるのは何《なに》か？ アドラーは、経験《けいけん》したことに対《たい》して、自分《じぶん》がどんな「意味《いみ》」を見出《みいだ》すかにかかっていると考《かんが》える。

たとえば、発明王《はつめいおう》のエジソンは、電球《でんきゅう》を発明《はつめい》するまでに1000回《かい》も2000回《かい》も失敗《しっぱい》を繰《く》り返《かえ》した。でもエジソンは「失敗《しっぱい》」とは言《い》っていない。「この方法《ほうほう》ではダメという発見《はっけん》をした」ととらえたんだ。普通《ふつう》は「失敗《しっぱい》」と考《かんが》えそうなことでも、「ダメな方法《ほうほう》の『発見《はっけん》』」という前向《まえむ》きな意味《いみ》を見出《みいだ》したんだね。経験《けいけん》したこと自体《じたい》は、いいことでも悪《わる》いことでもない。経験《けいけん》をプラスにするのも、マイナスにするのもきみ自身《じしん》なんだよ。

11

恥《は》ずかしがりは損《そん》をする

アドラーの言葉

臆病《おくびょう》に
なるのはやめる！
勇気《ゆうき》が
ある人《ひと》だけが
よい結果《けっか》を
えることができる！

出典：『個人心理学講義』P85

齋藤孝先生の解説

「恥《は》ずかしい」と感《かん》じても思《おも》いきってやってみる

アドラーは、臆病《おくびょう》で、いつもびくびくしているような恥《は》ずかしがりは直《なお》した方《ほう》がいいと言《い》っているよ。なぜなら、怖《こわ》がってばかりいると、苦《くる》しいことに出《で》あったとき、そこから逃《に》げるクセがついてしまい、いつまでたっても乗《の》りこえることができないからなんだ。勇《ゆう》気《き》がある人《ひと》は、もし苦《くる》しいことを乗《の》りこえられなかったとしても、そんなに傷《きず》ついて落《お》ち込《こ》むことはないとアドラーは言《い》っているんだ。

つまり、勇気《ゆうき》があれば、何回《なんかい》でもチャレンジすることができるからだね。きみも、できないと思《おも》い込《こ》んでいることに思《おも》い切《き》ってチャレンジしてみるといいよ。

はじめはドキドキするかもしれないけど、何回《なんかい》かやってみると、少《すこ》しずつ慣《な》れてくるんじゃないかな。きみたちには、世界中《せかいじゅう》の人《ひと》とふれあうチャンスがあるんだ。そんなときに恥《は》ずかしがっていたらもったいないよ。

12

見《み》かたを変《か》えれば世《せ》界《かい》が変《か》わる

アドラーの言葉

物《もの》事《ごと》の
見《み》かたは、
自《じ》分《ぶん》が
「変《か》えたい」と
思《おも》えば変《か》えられる！

出典:『個人心理学講義』P62

齋藤孝先生の解説

どう思《おも》うかは人《ひと》それぞれ。きみはどう思《おも》う？

アドラーは、ものの見《み》かたや考《かんが》え方《かた》、態度《たいど》のことを「ライフスタイル」と言《い》っているんだ。これは、幼《おさな》いときに形作《かたちづく》られるものなんだけど、もしきみが「こういう考《かんが》え方《かた》をやめたい、変《か》えたい」と思《おも》ったら、いつでも変《か》えられるんだよ。

たとえば、学校《がっこう》で友《とも》だちとケンカをしたとき、「相手《あいて》が悪《わる》いからケンカになった」と思《おも》ったとしよう。これは、きみの「考《かんが》え方《かた》」だね。でも、まわりの友《とも》だちは、「両《りょう》方《ほう》とも悪《わる》い」という「考《かんが》え方《かた》」だったとする。それを知《し》って、もしきみがまわりの友《とも》だちの「考《かんが》え方《かた》」に納《なっ》得《とく》したら、きみの「考《かんが》え方《かた》」を変《か》えていいんだよ。正《ただ》しいと思《おも》ったらそうする、間違《まちが》っていると思《おも》ったらやめる。

ものの見《み》かたや考《かんが》え方《かた》が変《か》わると、きみに起《お》こることも変《か》わる。考《かんが》え方《かた》をいい方向《ほうこう》に変《か》えれば、現実《げんじつ》もいい方向《ほうこう》に変《か》わるものなんだ。

第3章

自分《じぶん》で決《き》めることができる人《ひと》になる

13

持《も》って生《う》まれた個《こ》性《せい》をいかす

アドラーの言葉

親《おや》から
どんな特徴《とくちょう》を
うけついだかよりも、
その特徴《とくちょう》を
使《つか》いこなす方《ほう》が
大事《だいじ》！

出典:『個人心理学講義』P14

齋藤孝先生の

遺伝《いでん》をいいわけにしないで いかすことを考《かんが》えよう

親《おや》からうけついだ特徴《とくちょう》のことを「遺伝《いでん》」と言《い》うね。アドラーは、親《おや》から何《なに》を遺伝《いでん》したかはあまり重要《じゅうよう》ではなく、遺伝《いでん》したものをどう使《つか》うかの方《ほう》が大切《たいせつ》だと言《い》っているよ。遺伝《いでん》したものを使《つか》うのはきみ自身《じしん》。きみが、その特徴《とくちょう》をどういかすかが重要《じゅうよう》なんだ。

うまくいかないことやできないことがあったときに、「遺伝《いでん》だからしょうがない」と言《い》い訳《わけ》をしたり、親《おや》のせいにしたりするのは間違《まちが》っている。たとえ不利《ふり》な特徴《とくちょう》であっても、きみの考《かんが》え方《かた》や使《つか》いかたしだいで、いくらでもいい結果《けっか》を出《だ》すことができる。背《せ》が低《ひく》くてもバレーボールやバスケットボールで活躍《かつやく》する選手《せんしゅ》はいるし、体《からだ》が弱《よわ》くても、しっかり勉強《べんきょう》してすばらしい研究《けんきゅう》をする人《ひと》だっているよね。遺伝《いでん》を「できない理由《りゆう》」にするのはやめよう。

遺伝《いでん》は親《おや》からのプレゼント。きみの生《い》きる力《ちから》にしよう。

14

目標《もくひょう》に対《たい》して強《つよ》い気持《きも》ちを持《も》つ

アドラーの言葉

「人《ひと》より優《すぐ》れていたい」という気持《きも》ちは、目標《もくひょう》達成《たっせい》に向《む》けたエネルギーになる！

出典:『個人心理学講義』P41

齋藤孝先生の

「負《ま》けたくない」という気《き》持《も》ちが力《ちから》になる

アドラーは、人《ひと》より優《すぐ》れていたいという気《き》持《も》ちのことを「優越性《ゆうえつせい》の追求《ついきゅう》」という言葉《ことば》で表現《ひょうげん》しているよ。優越性《ゆうえつせい》の追求《ついきゅう》は、生《い》きているかぎり止《や》むことはなくて、これこそが人《ひと》の心《こころ》や精神《せいしん》にとって大切《たいせつ》だと言《い》っているんだ。そして、目標《もくひょう》を達成《たっせい》しようとがんばる力《ちから》は、この優越性《ゆうえつせい》の追求《ついきゅう》によって生《う》まれると言《い》っているんだよ。

これは、人《ひと》を蹴落《けお》として自分《じぶん》が上《うえ》に立《た》つということではないよ。特定《とくてい》のだれかとくらべて自分《じぶん》の方《ほう》がすごいと思《おも》われたいのではなく、どんな人《ひと》よりも自分《じぶん》が優《すぐ》れている状態《じょうたい》になりたいということだね。

大《だい》リーグのイチロー選手《せんしゅ》も、打《う》つ・守《まも》る・走《はし》るの3つが最高《さいこう》にできる人《ひと》がプロ野球選手《やきゅうせんしゅ》であり、自分《じぶん》はそういう選手《せんしゅ》でありたいと言《い》っている。これは、目標《もくひょう》に対《たい》する強《つよ》い気《き》持《も》ちの表《あらわ》れなんだね。優越性《ゆうえつせい》を求《もと》める気《き》持《も》ちは、失《うしな》わずに持《も》っておこう。

15

「人生《じんせい》は楽《たの》しい」と思《おも》ったらそうなる

アドラーの言葉

人生《じんせい》の意味《いみ》を決《き》めるのは自分自身《じぶんじしん》だ！

出典：『人生の意味の心理学　上』P8

齋藤孝先生の解説

「楽《たの》しい世界《せかい》」は自分《じぶん》で作《つく》ることができる

物事《ものごと》に意味《いみ》を見出《みいだ》すというのは、その物事《ものごと》と自分《じぶん》との関係《かんけい》を考《かんが》えるということ。たとえば、校庭《こうてい》に生《は》えている木《き》は、人間《にんげん》にとっては「木《き》という植物《しょくぶつ》」だけど、鳥《とり》にとっては「羽《はね》を休《やす》ませる巣《す》」かもしれない。そう考《かんが》えると、「人《ひと》にとっての木《き》」と「鳥《とり》にとっての木《き》」は、意味《いみ》が違《ちが》うということになるんだ。

アドラーは、人《ひと》はどんな物事《ものごと》にも意味《いみ》を見《み》つける、意味《いみ》を離《はな》れて生《い》きることはできないと言《い》っているんだ。たとえば、朝《あさ》起《お》きたら雨《あめ》が降《ふ》っていたとしよう。「雨《あめ》でジトジトしてイヤな日《ひ》だな」と思《おも》う人《ひと》もいれば、「雨《あめ》で花《はな》が水《みず》をたくさん吸収《きゅうしゅう》できるからいい日《ひ》だな」と思《おも》う人《ひと》もいる。「イヤな日《ひ》」「いい日《ひ》」という意味《いみ》づけは、人《ひと》それぞれ違《ちが》うんだね。

つまり、人生《じんせい》の意味《いみ》、世界《せかい》の意味《いみ》を決《き》めるのはきみ自身《じしん》なんだ。「幸《しあわ》せな人生《じんせい》」「楽《たの》しい人生《じんせい》」を生《い》きようと思《おも》えば、きみの人生《じんせい》はそうなるんだよ。

16

自信《じしん》を持《も》てばもっとがんばれる

アドラーの言葉

1つのことに自信《じしん》が持《も》てたら、ほかのこともやる気《き》が起《お》きる！

出典:『人生の意味の心理学　下』P14

齋藤孝先生の 解説

得意《とくい》だからできる。できるから次《つぎ》のこともやりたくなる

アドラーは、得意《とくい》なことや好《す》きなことがあれば、その気持《きも》ちが何《なに》かをやろうとするエネルギーになると言《い》っている。イヤなことや苦手《にがて》なことをするのには、勇気《ゆうき》が必要《ひつよう》だ。その勇気《ゆうき》を生《う》むのは、得意《とくい》なことや好《す》きなことをやり遂《と》げた達成感《たっせいかん》なんだ。達成感《たっせいかん》を得《え》たら自信《じしん》がついて勇気《ゆうき》がわいてくる。だから、勉強《べんきょう》でも、得意《とくい》なことや好《す》きなことからはじめるといいんだね。

たとえば、算数《さんすう》は苦手《にがて》だけど、国語《こくご》が好《す》きだとしたら、算数《さんすう》の文章題《ぶんしょうだい》の内容《ないよう》を国語《こくご》だと思《おも》って読《よ》めばいいんじゃないかな。苦手意識《にがていしき》をすてて、得意《とくい》なものに代《か》えてみることでわかりやすくなるよね。

そうすると、今《いま》まで解《と》けなかった問題《もんだい》の手《て》がかりがつかめるようになるよ。きみの得意《とくい》なことは何《なん》だろう。その、得意《とくい》なことを苦手《にがて》なことに応用《おうよう》してみたら、できるようになるかもしれないよ。

17

才《さい》能《のう》を伸《の》ばす環《かん》境《きょう》は自《じ》分《ぶん》で選《えら》べる

アドラーの言葉

実力《じつりょく》を伸《の》ばす
環境《かんきょう》があれば
だれでも
成長《せいちょう》できる！

出典:『人生の意味の心理学　下』P24

齋藤孝先生の 解説

自分《じぶん》で「自分《じぶん》がいたい場所《ばしょ》」を決《き》める

有名《ゆうめい》な音楽家《おんがくか》のモーツァルトは、親《おや》が音楽《おんがく》に興味《きょうみ》を持《も》つような環境《かんきょう》を作《つく》って勇気《ゆうき》づけたおかげで、音楽《おんがく》に親《した》しんで能力《のうりょく》を高《たか》めていったとアドラーは言《い》っているよ。才能《さいのう》があるかないかは関係《かんけい》ない。才能《さいのう》がないからできないと決《き》めつける必要《ひつよう》はないんだ。アドラーは、ずっと数学《すうがく》ができない子《こ》どもだったけど、あるとき、先生《せんせい》も解《と》けなかった問題《もんだい》が解《と》けたんだ。それ以後《いご》、数学《すうがく》に興味《きょうみ》を持《も》って勉強《べんきょう》しはじめ、学校《がっこう》で一番《いちばん》数学《すうがく》ができるようになったという。アドラーは、もともと数学《すうがく》の才能《さいのう》がなかったとしても、きっかけがあれば、どんな人《ひと》でもできるようになると気《き》づいたんだね。

きみの力《ちから》を伸《の》ばすために、どんなきっかけや環境《かんきょう》が必要《ひつよう》か。こうしたいという希望《きぼう》があれば、親《おや》に相談《そうだん》して決《き》めることができるんだ。行《い》きたい学校《がっこう》も、きみが選《えら》んでいいんだよ。

18

ごほうびを期待《きたい》しないでやる

アドラーの言葉

やるべきことがあったら、ほかの人《ひと》がやるかどうかは関係《かんけい》なく、まず自分《じぶん》から始《はじ》める！

齋藤孝先生の

自分《じぶん》がやりたいことだからやる。それが大切《たいせつ》

アドラーは、だれかがやらなくてはならないことがあったとしたら、ほかの人《ひと》がやるかやらないかを考《かんが》えずに、まず自分《じぶん》が行動《こうどう》すべきだと言《い》っているんだよ。ほかの人《ひと》がやるかどうかは、その人《ひと》の問題《もんだい》であって、きみがどうこうできることではないよね。

どんなにきみが「やった方《ほう》がいいよ」と言《い》っても、本人《ほんにん》にやる気《き》がなければどうしようもない。だから、ほかの人《ひと》の問題《もんだい》に首《くび》をつっこむ前《まえ》に、きみが「やる!」と決《き》めて行動《こうどう》することが大切《たいせつ》なんだ。どんなことも、選《えら》んで決《き》めるのは自分自身《じぶんじしん》だからね。だれかにほめてほしいからとか、ごほうびがほしいからではなく、自《じ》分《ぶん》がやりたいからやる、やると決《き》めたからやる。

決《き》めたことがちゃんとできたら、自分《じぶん》を好《す》きになれるよ。それが最大《さいだい》のごほうびだ。

第4章

みんなと力《ちから》を合《あ》わせられる人《ひと》になる

19

みんなで協力《きょうりょく》したらうまくいく

アドラーの言葉

協力《きょうりょく》する
気持《きも》ちがあれば、
どんなことも
うまくいく!

出典:『人生の意味の心理学　下』P98

齋藤孝先生の

一人《ひとり》よりも仲間《なかま》と協力《きょうりょく》した方《ほう》がうまくいく

アドラーは、人《ひと》と協力《きょうりょく》してやることはうまくいくという考《かんが》え方《かた》なんだ。人《ひと》と協力《きょうりょく》すると、いろいろな見《み》かたや考《かんが》え方《かた》の中《なか》で物事《ものごと》が進《すす》むから、間違《まちが》いが少《すく》なくなるんだ。もしうまくいかないことがあったら、それは協力《きょうりょく》が足《た》りないということになるね。アドラーは、協力《きょうりょく》することは人生《じんせい》においての真理《しんり》（だれにとっても正《ただ》しいこと）であると言《い》っているんだ。

人《ひと》は、だれでも協力《きょうりょく》する力《ちから》を持《も》って生《う》まれている。でも、その力《ちから》を持《も》っていることは、教《おし》えてもらわなければ気《き》づかない。だから、「あなたには協力《きょうりょく》する力《ちから》がある。いろんな人《ひと》と協力《きょうりょく》することが必要《ひつよう》なんだ」と教《おし》えてもらい、それを知《し》ることが大切《たいせつ》なんだと言《い》っている。

この本《ほん》を読《よ》んでいるきみは、「自分《じぶん》には協力《きょうりょく》する力《ちから》があること、協力《きょうりょく》することが必要《ひつよう》であること」は、もうわかったよね？　学校《がっこう》でも、みんなと協力《きょうりょく》しよう。

20

みんなで決《き》めたことは守《まも》る

アドラーの言葉

人《ひと》は、一人《ひとり》では
生《い》きていけない。
だから、
人《ひと》の気持《きも》ちを
理解《りかい》することが
大事《だいじ》！

出典：『個人心理学講義』P62

齋藤孝先生の解説

自分勝手《じぶんかって》な行動《こうどう》はしない。ルールはみんなで守《まも》る

アドラーは、人《ひと》は一人《ひとり》では生《い》きていけないという考《かんが》えなんだ。多《おお》くの人《ひと》たちの中《なか》で生《い》きていくためには、他人《たにん》を自分《じぶん》と同《おな》じように大切《たいせつ》に思《おも》い、「こういうとき、この人《ひと》はどう考《かんが》えるんだろう」と、他人《たにん》の気持《きも》ちによりそうことが必要《ひつよう》なんだね。それをアドラーは「共同《きょうどう》体感覚《たいかんかく》」と言《い》っているんだよ。

他人《たにん》とともに生《い》きるということは、他人《たにん》と理解《りかい》しあい、助《たす》けあいながら生《い》きるということになるよね。そのためには、自分《じぶん》の考《かんが》えばかりを押《お》しつけてはいけない。学校《がっこう》でも同《おな》じじゃないかな。自分《じぶん》はこう思《おも》うけれど、ほかの友《とも》だちはどう思《おも》うだろうかと話《はな》し合《あ》いながらいろんなことを決《き》めていくよね。そして、みんなで決《き》めたことはきちんと守《まも》る。

クラスの一員《いちいん》として、みんなに合《あ》わせていくこと、求《もと》められている責任《せきにん》を果《は》たすこと、これが大事《だいじ》なんだね。

21 友《とも》だちに合《あ》わせる気持《きも》ちが大事《だいじ》

アドラーの言葉

自己中心的《じこちゅうしんてき》な人《ひと》には、友《とも》だちができない！

出典：『個人心理学講義』P19

齋藤孝先生の

解説

人《ひと》に合《あ》わせることが大切《たいせつ》。でも悪《わる》いことは断《ことわ》る

アドラーは、友《とも》だちは大切《たいせつ》な存在《そんざい》だと考《かんが》えているんだ。社会《しゃかい》で生《い》きていくためには、人《ひと》と理解《りかい》しあって、協力《きょうりょく》しあうことが欠《か》かせないからなんだね。だから、もし、友《とも》だちがいない人《ひと》がいたら、その人《ひと》が自己中心《じこちゅうしん》的《てき》だったことが理由《りゆう》かもしれない。

　自己中心的《じこちゅうしんてき》というのは、自分《じぶん》が世界《せかい》の中心《ちゅうしん》にいるかのようにふるまうこと。自分勝手《じぶんかって》で、ほかの人《ひと》の気持《きも》ちを考《かんが》えないような人《ひと》のことだね。自己中心的《じこちゅうしんてき》にならないためには、人《ひと》に合《あ》わせることが大事《だいじ》なんだ。たとえば、友《とも》だちに「外《そと》で遊《あそ》ぼう」と言《い》われたらいっしょに遊《あそ》ぶ、「いっしょに宿題《しゅくだい》をやろう」と言《い》われたらやる。こういうふうに、人《ひと》に合《あ》わせられることを「協調性《きょうちょうせい》」と言《い》うんだよ。

　ただし、悪《わる》いことにさそわれたら合《あ》わせてはいけない。そういうときは、キッパリと断《ことわ》る勇気《ゆうき》を持《も》とう。

22

もらう人《ひと》より与《あた》える人《ひと》になる

アドラーの言葉

生《い》きるうえで大切《たいせつ》なことは、人《ひと》や社会《しゃかい》に貢献《こうけん》することである！

出典:『人生の意味の心理学　上』P17

齋藤孝先生の

人《ひと》が喜《よろこ》んで幸《しあわ》せになったら、自分《じぶん》も幸《しあわ》せになれる

アドラーは、貢献《こうけん》することこそが、人生《じんせい》の真《しん》の意味《いみ》であると言《い》っているんだ。もし、何《なに》に対《たい》しても貢献《こうけん》することなく、ただ自分《じぶん》の好《す》きなように生《い》きるとしたら、わがままな人《ひと》になってしまうよね。

人《ひと》に貢献《こうけん》することばかり考《かんが》えていたら、自分《じぶん》のことは大事《だいじ》にできないと思《おも》うかもしれないけれど、アドラーはその問《と》いに対《たい》しても答《こた》えを用意《ようい》しているんだ。人《ひと》や社会《しゃかい》に貢献《こうけん》して、自分《じぶん》は役《やく》に立《た》っていると感《かん》じられたら、自分《じぶん》のことが好《す》きになる。そうしたら、たとえ苦《くる》しいことがあっても乗《の》りこえる力《ちから》が生《う》まれるんだ。

つまり、貢献《こうけん》することは自分《じぶん》の幸《しあわ》せにつながることであり、自分《じぶん》のためになることなんだよ。今《いま》ある道《みち》、建物《たてもの》、そして科学《かがく》や芸術《げいじゅつ》などは、はるか昔《むかし》の人《ひと》たちが社会《しゃかい》に貢献《こうけん》しようと思《おも》って作《つく》ったもの。そういうものは長《なが》い間《あいだ》受《う》けつがれていくんだ。

23

人《ひと》とのつきあいが成長《せいちょう》のみなもと

アドラーの言葉

人生《じんせい》における大《おお》きな課題《かだい》は、友人《ゆうじん》、仕事《しごと》、愛《あい》の3つである！

出典：『人生の意味の心理学　上』P10

齋藤孝先生の

人生《じんせい》で大切《たいせつ》な3つのこと。どれも同《おな》じくらい大切《たいせつ》

　アドラーは、人《ひと》が生《い》きていく中《なか》で起《お》こる問題《もんだい》はすべて、友人関係《ゆうじんかんけい》、仕事《しごと》、愛《あい》にかかわることだと言《い》っている。

　友人関係《ゆうじんかんけい》とは、近《ちか》くにいる友《とも》だちとのことだけでなく、きみが出《で》あうたくさんの人《ひと》たちとの関係《かんけい》のこと。たくさんの人《ひと》たちと、きみがどんなふうにつきあっていくかということだね。

　仕事《しごと》は、この社会《しゃかい》で生《い》きていくために、どんなことで貢献《こうけん》するか。それを見《み》つけるということ。

　愛《あい》は、だれかと愛《あい》し合《あ》って、大切《たいせつ》な関係《かんけい》を築《きず》いていくこと。結婚《けっこん》して家族《かぞく》を作《つく》るのも愛《あい》だ。

　きみがこれから直面《ちょくめん》する問題《もんだい》は、ぜんぶこの3つのどれかにあてはまる。そう考《かんが》えると、この3つのことをうまくやっていくことができれば、どんな問題《もんだい》も解《かい》決《けつ》できるということなんだ。問題《もんだい》はこの3つ。そう考《かんが》えると、複雑《ふくざつ》なこともシンプルになるね。

第5章

前《まえ》を見《み》て進《すす》んでいく人《ひと》になる

24

過去《かこ》を気《き》にせず前《まえ》を見《み》て努力《どりょく》する

アドラーの言葉

目標《もくひょう》に向《む》かって
努力《ど》《りょく》した先《さき》に、
未来《み》《らい》が
広《ひろ》がっている!

齋藤孝先生の

目標《もくひょう》を決《き》めて努力《どりょく》すると自分《じぶん》が好《す》きになっていく

アドラーは、未来《みらい》は努力《どりょく》と目標《もくひょう》に結《むす》びついていると言《い》っているんだ。目標《もくひょう》を立《た》てて、そこに向《む》かって努力《どりょく》することは、未来《みらい》に向《む》かう行動《こうどう》なんだね。

一方《いっぽう》、過去《かこ》は、劣等性《れっとうせい》や能力《のうりょく》がない状態《じょうたい》と結《むす》びついていると言《い》っている。つまり、目標《もくひょう》に向《む》かって努力《どりょく》をする前《まえ》の、今《いま》よりもダメな状態《じょうたい》のこと。そんなところには決《けっ》して戻《もど》りたくないよね。アドラーは、過去《かこ》は変《か》えられないけれど、未来《みらい》は変《か》えられるという考《かんが》えなんだ。だから、変《か》えられない過去《かこ》のことをウジウジ考《かんが》えていてもしょうがない。過去《かこ》をふりかえらず、今《いま》ここから未来《みらい》を変《か》えていくことを考《かんが》えよう。そうすれば、前進《ぜんしん》することができるよ。

目標《もくひょう》を立《た》てて努力《どりょく》を続《つづ》けている自分《じぶん》って、なんだかいい感《かん》じがするよね。今《いま》、ここからスタートだ。未来《みらい》を見《み》て進《すす》んでいこう。

25

仕事《しごと》で成功《せいこう》する大人《おとな》になる

アドラーの言葉

「成功《せいこう》したい」という野心《やしん》が、仕事《しごと》で発揮《はっき》されるのはいいことだ！

出典:『個人心理学講義』P45

齋藤孝先生の解説

仕事《しごと》は「人《ひと》の役《やく》に立《た》てるもの」を選《えら》ぼう

野心《やしん》とは、自分《じぶん》にはふさわしくないほどの大《おお》きな望《のぞ》みという意味《いみ》の言葉《ことば》。あまりいい意味《いみ》で使《つか》われることのない言葉《ことば》だね。でもアドラーは、人《ひと》はみんな野心《やしん》を持《も》っていて、それが仕事《しごと》において発揮《はっき》されるとしたらいいことだと言《い》っているんだ。

「成功《せいこう》する」というと、お金《かね》持《も》ちになるとか、地位《ちい》が高《たか》くなることだと思《おも》ってしまうかもしれないけれど、ここでアドラーの言《い》っている成功《せいこう》とは、人《ひと》の役《やく》に立《た》って認《みと》められるという意味《いみ》だね。仕事《しごと》では、人《ひと》や社会《しゃかい》の役《やく》に立《た》つことが大事《だいじ》。役《やく》に立《た》つという大《おお》きな望《のぞ》みを持《も》つなら、悪《わる》いことではないよね。野心《やしん》や欲《よく》は、目標《もくひょう》に向《む》かって努力《どりょく》するエネルギーになる感情《かんじょう》なんだ。

ただ、自分《じぶん》のためだけの野心《やしん》や欲《よく》というのは良《よ》くないね。それが、どんなふうに人《ひと》の役《やく》に立《た》つかを考《かんが》えるようにしよう。

26

人《ひと》は一人《ひとり》一人《ひとり》違《ちが》うから大切《たいせつ》な存在《そんざい》

アドラーの言葉

きみはこの世《よ》に
一人《ひとり》しかいない。
まったく同《おな》じ人《ひと》は
存在《そんざい》しない！

出典:『個人心理学講義』P57

齋藤孝先生の

解説

だれ一人《ひとり》同《おな》じ人《ひと》はいない。だから人間《にんげん》はすてきなんだ

アドラーは、同《おな》じように見《み》える葉《は》っぱでも、一本《いっぽん》の木《き》にまったく同《おな》じ葉《は》っぱが二枚《にまい》ないのと同《おな》じように、まったく同《おな》じ人《ひと》はいないと言《い》っているんだ。同《おな》じように見《み》える葉《は》っぱでも、顕微鏡《けんびきょう》で見《み》ると細《こま》かい違《ちが》いがある。人間《にんげん》もそれと同《おな》じなんだよ。

よく、似《に》た性質《せいしつ》の人同士《ひとどうし》をタイプ別《べつ》に分類《ぶんるい》することがあるけれど、アドラーは人《ひと》をタイプで分《わ》けるということをしない。それは、どんな人《ひと》も、その人《ひと》にしかないものの見《み》かたや考《かんが》え方《かた》、態度《たいど》といった「ライフスタイル」があるからなんだね。人《ひと》は、一人一人《ひとりひとり》みんな違《ちが》う存在《そんざい》。そう考《かんが》えると、人《ひと》と違《ちが》うことは悪《わる》いことじゃない。むしろ当《あ》たり前《まえ》のことなんだ。

きみと同《おな》じ人間《にんげん》は、この世《よ》に一人《ひとり》もいない。だから、自分《じぶん》のことを大切《たいせつ》にしよう。

27

努力《どりょく》してできるようになればいい

アドラーの言葉

失敗《しっぱい》をおそれる
必要《ひつよう》はない！
失敗《しっぱい》したら、
次《つぎ》に失敗《しっぱい》しない
ようにすれば
いいのだ！

出典：『勇気はいかに回復されるのか』P51

齋藤孝先生の

「ダメ」をみとめる勇気《ゆうき》を持《も》とう

アドラーは、失敗《しっぱい》や困難《こんなん》に出《で》あうことによって、努《ど》力《りょく》をし、技術《ぎじゅつ》をみがくようになると言《い》っているんだ。

失敗《しっぱい》したからといって、自分《じぶん》はダメだと落《お》ち込《こ》む必《ひつ》要《よう》はないし、失敗《しっぱい》をおそれる必要《ひつよう》もない。そんなことをしていたら、さまざまな人生《じんせい》の課題《かだい》に立《た》ち向《む》かうことができなくなってしまう。できない自分《じぶん》、失敗《しっぱい》した自分《じぶん》を受《う》け入《い》れることはむずかしいかもしれない。でも、「どうせ自分《じぶん》なんて」とか「まだ本気出《ほんきだ》していないから」なんて言《い》い訳《わけ》してみたり、「こんな自分《じぶん》はダメだ」と責《せ》めたりしても、何《なん》の解決《かいけつ》にもならない。だから、そんな自分《じぶん》をみとめる勇気《ゆうき》が必要《ひつよう》なんだ。

失敗《しっぱい》したら、次《つぎ》に失敗《しっぱい》しない方法《ほうほう》を考《かんが》えて実践《じっせん》すればいいだけ。失敗《しっぱい》した自分《じぶん》をみとめることから、次《つぎ》の一歩《いっぽ》を踏《ふ》み出《だ》すんだ。

28

不《ふ》安《あん》はなくすことができる

アドラーの言葉

今《いま》生《い》きている
この世界《せかい》に
自分《じぶん》の「居場所《いばしょ》」が
あると思《おも》えたら、
心《こころ》から安心《あんしん》できる！

出典:『人生の意味の心理学　下』P138

齋藤孝先生の解説

3つの課題《かだい》をクリアできれば幸《しあわ》せになれる

まわりの人《ひと》たちといい関係《かんけい》をたもち、役《やく》に立《た》つ仕事《しごと》をして、愛《あい》する人《ひと》と生活《せいかつ》する。この3つの課題《かだい》をクリアして、人《ひと》や社会《しゃかい》に貢献《こうけん》することができたら、この世界《せかい》で安心《あんしん》してくつろいでいられるとアドラーは言《い》っているよ。それは、この広《ひろ》い世界《せかい》の中《なか》に自分《じぶん》の果《は》たすべき役割《やくわり》があり、その役割《やくわり》をきちんとこなすことで人《ひと》の役《やく》に立《た》っているという自信《じしん》があるからなんだ。

もしイヤなことや苦《くる》しいことがあっても、それらを解決《かいけつ》する力《ちから》があれば、何《なに》もこわがることはないよね。「自分《じぶん》はこの世界《せかい》で生《い》きる価値《かち》があり、この世界《せかい》にちゃんと自分《じぶん》の居場所《いばしょ》がある！」と思《おも》えたら、不安《ふあん》はなくなるはず。そうなるためには、まずきみが自分《じぶん》を好《す》きになること。そして、「自分《じぶん》はできる！」と信《しん》じること。

すべてはきみの思《おも》いと行動《こうどう》からはじまるんだ。

おわりに

この本《ほん》を読《よ》んで、きみはどんなことを思《おも》ったかな？ 思《おも》ったこと、考《かんが》えたことがあったら、それをおうちの人《ひと》に話《はな》してみよう。

思《おも》ったことや考《かんが》えたことを、きみの中《なか》にしまっておくだけではもったいない。時《じ》間《かん》がたったら、わすれてしまうかもしれない。だれかに話《はな》すことでその思《おも》いがよりくっきりとして、きみの中《なか》に強《つよ》くのこるようになるからね。

アドラーは、「どうしたら幸《しあわ》せに生《い》きられるか」をずっと考《かんが》えていた人《ひと》なんだ。そのアドラーが、人《じん》生《せい》で大《たい》切《せつ》なことが3つあると言《い》っているね。

友《とも》だち、仕《し》事《ごと》、愛《あい》。

きみは、友《とも》だちとなかよくできているかな？「なかよく」というのは、ケンカをしないということではないよ。こまったりなやんだりしているときは、相《あい》手《て》の力《ちから》になってあげるということ。たよれる友《とも》だちがいることは、心《こころ》強《づよ》いよね。

仕事《しごと》は、お金《かね》をかせぐためでもあるけれど、それと同時《どうじ》に社会《しゃかい》の役《やく》に立《た》つことも大事《だいじ》なんだ。役《やく》に立《た》つということは、やりがいを感《かん》じるよね。今《いま》も、日本中《にほんじゅう》、世界中《せかいじゅう》でたくさんの人《ひと》がはたらいているね。きみも大人《おとな》になったらその一員《いちいん》になって、やりがいや生《い》きがいを見《み》つけてほしい。

愛《あい》、愛《あい》し合《あ》って結婚《けっこん》すると家族《かぞく》になるね。でも、夫婦《ふうふ》というのは、血《ち》のつながらない人《ひと》どうしなんだよね。つまり、もともと家族《かぞく》ではない人《ひと》と、時間《じかん》をかけて家族《かぞく》になっていくんだ。相手《あいて》を信《しん》じること、大切《たいせつ》にすること、わかりあうこと、それをへて家族《かぞく》になる。きみのおうちも、きっとそうなんじゃないかな。

「どうしたら幸《しあわ》せに生《い》きられるか」の答《こた》えは、この本《ほん》につまっているよ。だから何回《なんかい》も読《よ》んで、その言葉《ことば》をきみの中《なか》にとりこもう。アドラーの言葉《ことば》をきみ自身《じしん》の言葉《ことば》にしていこう。

アドラーの「スーパー前向《まえむ》きパワー」を自分《じぶん》のものにしよう！

自分で決められる人になる!
超訳こども「アドラーの言葉」

2016年11月24日　第1刷発行
2024年11月30日　第17刷発行

著　者　齋藤　孝(さいとう　たかし)

発行者　山下　直久

発　行　株式会社KADOKAWA
〒102-8177　東京都千代田区富士見2-13-3
電話0570-002-301(ナビダイヤル)

●お問い合わせ
https://www.kadokawa.co.jp/(「お問い合わせ」へお進みください)
※内容によっては、お答えできない場合があります。
※サポートは日本国内のみとさせていただきます。
※Japanese text only

定価はカバーに表示してあります。

印刷・製本／大日本印刷

ISBN 978-4-04-601818-2　C8011

【著者紹介】
齋藤　孝(さいとう・たかし)

1960年静岡県生まれ。明治大学文学部教授。専門は教育学、身体論、コミュニケーション論。著書に『呼吸入門』『上機嫌の作法』『三色ボールペン情報活用術』『語彙力こそが教養である』(以上、角川新書)、『声に出して読みたい日本語』(草思社)、『雑談力が上がる話し方』(ダイヤモンド社)、『こども「学問のすすめ」』(筑摩書房)など多数。NHKEテレ「にほんごであそぼ」総合指導。

【参考文献】
『人生の意味の心理学　上』
アルフレッド・アドラー・著　岸見一郎・訳　アルテ
『人生の意味の心理学　下』
アルフレッド・アドラー・著　岸見一郎・訳　アルテ
『個人心理学講義　生きることの科学』
アルフレッド・アドラー・著　岸見一郎・訳　アルテ
『勇気はいかに回復されるのか』
アルフレッド・アドラー・著　岸見一郎・訳　アルテ
『生きるために大切なこと』
アルフレッド・アドラー・著　桜田直美・訳　方丈社